Milan. — Septembre 1892.

AUTOUR D'UN CONGRÈS

FLANERIES HORS SÉANCES

PAR

A. WEBER

Membre de l'Association littéraire et artistique internationale

> *Neque semper arcum*
> *Tendit Apollo.*
> (HORACE, ode II, 10.)

FONTAINEBLEAU

ERNEST BOURGES, IMPRIMEUR BREVETÉ

32, rue de l'Arbre-Sec, 32

1893

AUTOUR D'UN CONGRÈS

FLANERIES HORS SÉANCES

Milan. — Septembre 1892.

AUTOUR D'UN CONGRÈS

FLANERIES HORS SÉANCES

PAR

A. WEBER

Membre de l'Association littéraire et artistique internationale

Neque semper arcum
Tendit Apollo.
(HORACE, ode II, 10.)

FONTAINEBLEAU
ERNEST BOURGES, IMPRIMEUR BREVETÉ
32, rue de l'Arbre-Sec, 32

1893

AUTOUR D'UN CONGRÈS

FLANERIES HORS SÉANCES

Neque semper arcum
Tendit Apollo.
(HORACE, od. II, 10.)

L'Association littéraire et artistique internationale.

L'Association littéraire et artistique internationale a tenu son XIVe congrès à Milan, du 17 au 24 septembre 1892.

Tout le monde connait l'Association littéraire et artistique internationale fondée sous la présidence de Victor Hugo, par décision du congrès des gens de lettres de France, en 1878, et autorisée par décision ministérielle du 3 mars 1880.

Chacun sait que l'objet de cette association est la défense et la propagation des principes de la propriété littéraire et artistique internationale et qu'elle est chargée spécialement de l'exécution des décisions des congrès littéraires internationaux.

L'Association défend les intérêts des écrivains et des artistes de tous pays et établit entre eux des liens de bonne confraternité.

Chaque année, un congrès est tenu dans une ville différente. Jusqu'ici ils se sont réunis dans les villes suivantes :

1879, Londres; 1880, Lisbonne; 1881, Vienne; 1882, Rome; 1883, Berne (conférence) et Amsterdam; 1884, Anvers; 1885, Bruxelles; 1886, Genève; 1887, Madrid; 1888, Venise; 1889, Paris et Berne (conférence); 1890, Londres; 1891, Neufchâtel; 1892, Milan.

L'année prochaine, nous nous réunirons à Barcelone.

Le congrès de Milan avait une importance particulière, en raison de la conférence diplomatique sur la propriété littéraire, qui doit avoir lieu à Paris, en 1893.

Les écrivains et les artistes savent de quelle importance pour leurs intérêts, est l'adoption des lois de protection internationale de leurs œuvres; ils connaissent aussi le dévouement infatigable de l'association pour eux.

Pourquoi ce récit?

Indépendamment des notes prises, au jour le jour, sur les très importants travaux du congrès « cujus pars infima fui », notes dont le développement technique a sa place ailleurs, j'en ai conservé différentes impressions de voyage et de séjour.

Ce sont ces impressions de touriste, allant pour la première fois en Italie, que je vais écrire, non pour mes concitoyens ni mes collègues qui, je pense, ne me liront jamais, mais pour moi, pour retrouver, plus tard, à l'âge du repos, et peut-être de la maladie ou des infirmités, le souvenir écrit de onze jours de bonne humeur, de bonne santé dans un beau pays et en la société d'hommes éminents, dont plusieurs me font le grand honneur de me témoigner quelque amitié.

Il est bon, je crois, de faire ainsi provision de souvenirs, tandis qu'on est encore jeune. Ces souvenirs font grand plaisir plus tard.

Pour Milan.

Le jeudi soir, 15 septembre 1892, je prends, à Paris, gare de Lyon, le rapide de 9 heures.

A Modane, visite de la douane, changement de voiture.

A la douane.

Les douaniers italiens sont courtois et ne visitent nos valises que pour la forme. Ils sont, en cela, bien différents des douaniers de Londres, qui rendent en chiffons les plastrons les mieux *boratés* et en tire-bouchons les faux-cols *les plus calandrés.*

Les gendarmes.

Ma valise refermée et *crayée* par la douane, j'aperçois deux grands gaillards, jeunes et imberbes, revêtus d'un habit à la française avec grenades en laine rouge aux pans; ceinturons blancs soutenant un sabre-baïonnette descendant trop bas; coiffés d'un superbe chapeau à la Napoléon Ier, cocarde tricolore : verte, blanche, rouge, retenue par une passementerie en simili-argent.

Ce chapeau, grand format, en feutre noir, cache le front et découvre le derrière de la tête; de plus, il penche trop en avant, il peut tomber; enfin, cela me gêne et doit les gêner. Je me propose de les engager à redresser ce chapeau qui les coifferait mieux; mais un collègue du voyage m'apprend que ce sont des gendarmes italiens : comme j'ai toujours un grand respect pour les gendarmes, je m'abstiens de toute observation et je monte dans un compartiment sur lequel je lis : « Fumatory »; sur d'autres compartiments, on lit : « Evitato fumare. »

Wagons italiens.

Ces wagons italiens sont confortables. Banquettes de velours rouge, doubles rideaux aux fenêtres, grands filets pour les valises; au-dessous, petits filets pour cannes et parapluies; sept places seulement. La huitième est remplacée par une porte donnant accès à un buen-retiro sur lequel on lit, en italien (quand on le sait) : « Évitez de stationner, pendant les arrêts. » C'est extraordinaire ce qu'il y a de choses à éviter, en Italie, les murs sont couverts de prohibitions, notamment : « Evitata affissione », défense d'afficher, qui heurte l'œil à chaque pas.

En y réfléchissant, je crois comprendre que si le voyageur a le droit de semer des *roses*, en route, il serait malséant d'en déposer en gare. Me voilà prévenu. En tirant un bouton, une cuvette en nikel se rabat, et en tournant un petit robinet on aurait de l'eau pour se laver les mains, s'il y avait de l'eau dans le réservoir. Mais, il n'y en a pas, et il n'y en a pas eu une goutte pendant tout le trajet. On reconnaît partout les services administratifs!!

One gentleman.

Nous ne sommes que trois voyageurs dans le compartiment et cependant les filets, voire même les quatre autres places, sont bondés de bagages de toutes sortes; à quoi cela tient-il ?

J'ai, comme voisin de face, un jeune homme de vingt-quatre ans environ, roux, petites moustaches, casquette de palefrenier; serait-ce à lui tous ces colis?

A côté d'un chapeau à la Stanley, je vois un bidon en tôle peinte, portant cette inscription : « Royale artillery »; un peu plus loin, un *tub*. Plus de doute ! Mon voisin est un Anglais et il emporte son tub aux Indes ! C'est un garçon prévoyant, mais encombrant. Il est possible aussi qu'il ait tellement de bagages au fourgon, qu'on l'ait prié de mettre l'excédent avec lui, pour... débarrasser le fourgon.

Mes derniers doutes s'évanouissent en voyant mon jeune homme ouvrir une valise, qui doit être commode (puisqu'elle a les dimensions de ce meuble), et en tirer de quoi nourrir une escouade. Il commence à manger; tout à l'heure il ôtera ses chaussettes, j'y suis résigné.

A travers les Alpes.

Ce voyage dans les Alpes est splendide, le soleil éclaire les nuages paresseusement arrêtés sur les sommets et égaie les vallées fertiles arrosées par des torrents bouillonnants et écumeux.

Le trajet du tunnel du Mont-Cenis dure vingt-sept minutes, montre en main, j'avance la mienne de quarante minutes pour être à l'heure de Rome. Voilà quarante minutes vivement passées.

Le rail-way contourne le vaste et beau lac du Bourget, en ce moment si paisible, mais, paraît-il, pire que la mer, quand il vente. Quelles belles parties de canotage sur ces eaux bleues et calmes, encadrées de ces hautes montagnes ! Quelles bonnes truites on doit prendre ! Mais, nous filons à toute vapeur sur une voie assez mal entretenue, si j'en juge par les soubresauts que nous subissons de temps à autre.

Vermuth di Torino.

Turin. Vingt minutes. Buffet. Je ne peux pas traverser Turin sans vérifier sur place son vermuth. On m'en sert avec un verre de belle eau claire. En Italie, on sert toujours, avec n'importe quelle consommation, un verre d'eau claire.

Certainement, je n'avais jamais bu de vermuth en France, car celui que je bois à Turin ne ressemble, pas même de loin, à celui qu'on vend chez nous. C'est une liqueur très sucrée, ayant la saveur exacte de la gomme que les enfants récoltent sur le tronc des amandiers ou des pruniers. Un monsieur, qui a fait comme moi, me dit qu'il croyait boire un bain sucré de sauge et de romarin! C'est bien possible, mais l'idée de boire un bain m'est désagréable, et je quitte rapidement mon monsieur trop analyste.

En voiture pour Milan. Mon Anglais et son *tub* ont disparu. Le compartiment me semble beaucoup plus vaste. Le tapis porte toutes les épluchures possibles; l'Anglais n'est certainement pas à jeun, j'en répondrais.

Plaines lombardes.

Les plaines de la Lombardie sont extrêmement fertiles, je me croirais en Normandie. Comme dans une lanterne magique, défilent devant les yeux : des châtaigniers très nombreux, des champs de maïs, des oliviers, des troupeaux, des maisonnettes couvertes en lames de pierre, des châteaux, etc., etc.

Milano.

Cinq heures et demie, Milan. Enfin ! ce n'est pourtant ni plus loin, ni plus long que de Paris à Toulon; mais quelle poussière, quelle chaleur ! Nous sommes noirs de la fumée de la tourbe que brûlent, au grand désagrément de l'odorat, les locomotives.

Hôtel Continental.

L'omnibus nous conduit à l'Hôtel-Continental, viâ Alessandro Manzoni. Bel établissement; l'électricité partout, un ascenseur, de vastes chambres, mobilier convenable. C'est un hôtel d'Anglais, me dit-on. Alors je suis tranquille, rien ne doit manquer, mais j'aurais préféré un hôtel français, s'il y en a ?

Après ablutions sérieuses et réitérées, je descends dîner.

La salle à manger est longue, large et très haute, décorée de statues et de fresques.

Deambulando.

Après dîner, promenade au hasard.

La ville est éclairée par l'électricité, au moyen de lampes à charbon suspendues au milieu des rues, par des fils reliés aux maisons et aux monuments.

La chaussée est de galets scellés dans la terre avec,

sur le milieu, deux bandes ininterrompues de dalles pour les roues des voitures. Comme trottoirs, des dalles, mais au niveau de la chaussée, sans ruisseaux. La ville a adopté le système du « tout à l'égout. »

Les voitures viennent au besoin sur les trottoirs; c'est aux piétons qu'il appartient de garer, comme ils le peuvent, leurs pauvres jambes.

Piazza della Scala.

Je me dirige du côté où j'entends de la musique et j'arrive presque aussitôt, piazza della Scala, au milieu de laquelle je vois la statue en marbre de Leonardo da Vinci. Autour de lui, en contre-bas, celles de ses quatre élèves les plus distingués : Jean-Antoine Boltrafio, André Salaino, Marc d'Oggiono et César da Serto.

Une musique d'infanterie donne un concert en face du « municipio » (mairie).

Ils sont bien tenus ces militaires. Pantalon bleu clair et collant avec bande rouge, tunique noire passe-poilée rouge, schako bas évasé du haut, sabre baïonnette descendant très bas.

La musique est bonne et la foule qui l'entoure applaudit; ici, comme en France, on aime les musiques militaires.

Galeries Vittorio Emmanuele.

A droite du municipio, s'ouvre une immense galerie. Figurez-vous la galerie d'Orléans, à Paris, mais en forme de croix latine avec cent quatre-vingt-quinze mètres de longueur, quatorze mètres 50 de largeur. Au centre, un octogone de mille mètres superficiels, couvert d'une coupole en fer et cristal, d'une hauteur de cinquante mètres du sol.

L'élévation consiste en une série de piliers richement décorés, qui soutiennent un entablement couronné d'un long balcon ou galerie, et au-dessus une espèce d'attique décorée d'hermès qui supporte la toiture.

Entre les piliers, il y a, au rez-de-chaussée, des arcades qui donnent accès à un nombre égal de boutiques surmontées de deux rangs de fenêtres. Vingt-quatre statues d'Italiens célèbres complètent la décoration de ce vaste édifice. Au-dessous de la coupole, on remarque quatre fresques représentant : l'Europe, l'Asie, l'Afrique et l'Amérique.

Les boutiques appartiennent au commerce élégant, joaillerie, optique, souvenirs de Milan, etc.

Cette galerie est, le soir, le rendez-vous des promeneurs et des étrangers. Sous la coupole, le café-restaurant Biffi, avec orchestre, est très achalandé; mais la terrasse est battue d'un courant d'air dont il faut se méfier.

Gardiens de la paix.

Deux messieurs se promenant gravement et lentement dans la foule, fixent mon attention.

Ils sont vêtus d'une grande redingote-soutane noire, pantalons noirs; ils sont coiffés d'un chapeau à haute forme en soie noire, mais à dessus en cuir bouilli; sur le côté gauche une couture saillante.

Ils ont à la main une canne en jonc avec pomme ovoïde en métal blanc, estampée d'une inscription.

En France, je les aurais pris pour des maîtres de cérémonies funèbres; à Milan, ce sont les agents de la police municipale.

Cette galerie, construite à grands frais par une Compagnie anglaise qui a fait faillite, a été acquise par la ville de Milan à très bon marché, disent les uns, beaucoup trop cher, disent les autres. Comme je ne connais pas le prix, je n'ai aucune opinion; je crois pourtant que ces belles boutiques, ces superbes logements doivent être d'un gros revenu pour la ville.

La galerie aboutit à la place du Dôme et se termine par un arc de triomphe portant cette inscription : A Vittorio-Emmanuele II. I Milanesi.

A droite et à gauche de ce monument, des arcades comme dans la rue de Rivoli, sous lesquelles se continuent des magasins élégants et se trouve le « Bon Marché » de l'endroit.

Une coopérative.

A ce propos, je voulais acheter une canne; on me conduit dans une coopérative, je paye trente-cinq sous et on me délivre avec la canne choisie, un bon de répartition de bénéfices à toucher fin d'année.

Je verrai si j'ai intérêt à aller réclamer, à Milan, en janvier prochain, une quote-part des bénéfices de la maison, applicable à mes trente-cinq sous.

Piazza del duomo.

Piazza del duomo — cathédrale, à Milan, se traduit par duomo.—La cathédrale se détache bien nettement sur le ciel, indigo pur, du soir.

Cette merveille architecturale en marbre blanc, ces fines découpures, ces dentelles, ce dôme central captivent l'attention.

J'y reviendrai plus tard.

Palais-Royal.

A côté, le Palazzo del Corte, Palais-Royal, où le Roi descend quand il vient à Milan.

L'horloge.

Derrière la cathédrale, piazza Campo santo, une vaste construction à arcades, en bossage de granit, qui servent de soubassement à une colonnade corinthienne toute en marbre blanc. Au-dessus de l'entablement, au centre de la façade, « l'horloge », flanquée de deux figures colossales représentant le *Jour* et la *Nuit*. Au bas, est écrit : « heure de Rome. »

Mais il faut rentrer et se reposer pour tout voir ensuite, si possible.

Ouverture du congrès.

Le lendemain, samedi 17, à deux heures, ouverture du congrès, dans la salle du conseil du « municipio. »

Une foule assez grosse fait la haie de chaque côté de la porte d'entrée. Cette foule paraît plutôt sympathique, dans tous les cas curieuse de voir « tous ces étrangers. » Peut-être espère-t-elle des phénomènes!

Dans le vestibule, plusieurs maîtres de cérémonies, pardon, plusieurs gardiens de la paix, la canne au pied.

Les pompiers.

A la porte de la première salle, deux beaux factionnaires, baïonnette au canon, casque en cuivre à plumet rouge, costume absolument militaire : ce sont les pompiers.

Huissiers de ville.

Dans la salle d'entrée, deux grands laquais à culottes courtes rouges, bas blancs, souliers à boucles d'argent, grand habit rouge Louis XV avec passementerie aux armes de Milan (croix rouge sur fond blanc), chapeau d'incroyable, plié sous le bras.

Valets de ville en culottes courtes et en frac, chaîne d'argent en sautoir. C'est une réception de gala; nous sommes, du reste, tous en habit noir et cravate blanche.

Le Palais Marino.

La salle du conseil est très vaste et s'élève au-dessus d'un premier étage. Plafond peint, corniches artistiques, statues, fresques, etc. Nous allons siéger dans le palais « Marino », dont la cour d'honneur est d'une richesse et d'une élégance remarquables.

Une grande table dans le sens de la longueur; en hémicycle des fauteuils pliants et des pupitres à charnières.

En haut, sur un entablement, le buste, grandeur naturelle, de Victor-Emmanuel; en vis-à-vis, sur un fût de colonne, le buste d'Humbert Ier, en bronze.

Discours de courtoisie.

Le préfet de la province de Milan préside et nous souhaite la bienvenue; le syndic (maire) nous salue au nom de la ville; le président de la société des auteurs italiens, le très aimable et très sympathique commandeur Visconti Vénosta, un des grands noms de l'Italie, nous assure de l'amitié entière de nos confrères italiens.

Les représentants de chaque nation, les délégués de chaque société littéraire et artistique, remercient de ce bon accueil, de cette bienveillance, de ces honneurs.

Nous allons travailler ensemble à faire triompher des idées communes et nous savons qu'en Italie, nous sommes dans le pays des arts par excellence.

Des remercîments particuliers sont adressés à la société des auteurs italiens, l'organisatrice du congrès.

A la Reine.

Enfin, un respectueux hommage est offert au Roi, l'un des membres fondateurs de notre association, et un témoignage de profond respect à la reine Marguerite, si vénérée et si aimée de son peuple.

Cet hommage à la Reine est couvert de bravos enthousiastes de tous les congressistes italiens, le banc de la presse fait chorus. Nous comprenons de suite combien cette Reine est aimée à Milan.

La première séance, toute préparatoire, se termine à quatre heures et demie. Nous retrouvons encore la foule dehors, à la sortie; elle nous paraît riante; les échos de la séance ont dû franchir l'enceinte du palais Marino.

La Chartreuse de Pavie.

Le lendemain dimanche, nous nous rendons à la gare du tramway Milan-Pavie, porta Ticinèse, pour aller, par train spécial, à la Certosa di Pavia, « chartreuse de Pavie », où un déjeuner nous est offert par : la Société des auteurs italiens, l'Association lombarde des journalistes et l'Académie des filo-dramatici de Milan.

A la Chartreuse, nous sommes reçus par le préfet de Pavie et le Maire qui nous souhaitent la bienvenue et nous présentent un Professeur qui nous expliquera les merveilles que nous sommes invités à voir.

A la Chartreuse.

Cette Chartreuse, fondée par Jean-Galéas Visconti, duc de Milan, en 1396, est l'édifice le plus splendide que vante la Lombardie et le plus beau de ce genre, en Italie.

Nous entrons dans l'enceinte par un portique orné de peintures de l'école de Lorini, lequel portique donne accès à une grande tour, devant le temple.

La forme du temple est, comme toujours, une croix latine avec trois nefs dans le pied de la croix, flanquées de chapelles, et une seule nef dans les bras; les nefs et le sanctuaire terminés par des absides, donnent à chacun aussi la forme d'une croix.

Au centre des bâtiments, est la coupole.

La façade est la partie la plus riche, toute de marbre blanc sculpté.

Les différents épisodes de la vie du Christ, des vies de saints, en relief, Adam et Ève au paradis terrestre; des médaillons d'empereurs romains, de Cicéron, de Démosthène, rien ne manque dans ce monument qui, de la base au faîte, n'est qu'une ciselure.

Les chapelles.

Chaque chapelle fermée d'une grille de fer et bronze d'un travail étonnant, contient des pancartes à manches, en plusieurs langues, donnant les descriptions :

Autels en mosaïques de marbre de différentes couleurs, pierres précieuses serties, fresques, statues, boiseries sculptées, marqueteries surprenantes de patience et de *fini*, candélabres en bronze, en argent, en or avec pierreries, tout cela étonne à ce point qu'on se demande comment, dans un même endroit, on a pu réunir, accumuler autant d'art! On se demande combien il a pu falloir d'hommes et de temps pour produire ces merveilles, d'autant mieux que la grande majorité de leurs auteurs est restée inconnue? C'était comme moines qu'ils travaillaient et non comme artistes de profession, dit l'un de nous, et comme tels ils étaient impersonnels. Je le veux bien!

Le marbre ne dure que dans son pays.

Tous ces marbres, ces pierres sont d'un beau blanc, le temps ne les a ni noircis ni effrités : à la Chartreuse comme à la Cathédrale de Milan, point de détériorations. Ce serait donc vrai, ce que l'on dit que : « Les pierres, comme les hommes, ne vivent et ne se portent bien que dans leur pays natal? » En France, les marbres noircissent, s'abîment, la pluie et le soleil les *mordent*. Ici, à côté de leur carrière, ils *vivent* et se conservent intacts.

Le couvent.

Nous quittons le temple et nous visitons le couvent.

Ici, un vaste potager; là, une grande cour carrée, autour de laquelle un large promenoir couvert et dallé.

Sur deux côtés, de petites maisons, semblables, couvertes en tuiles et également espacées.

Ce sont les maisons des supérieurs, dont chacune comprend : au rez-de-chaussée, cuisine, salle à manger, oratoire, petit jardin dans lequel un puits; sur la margelle, une pierre d'évier. Au premier étage, une chambre à coucher.

Chacune de ces maisonnettes communique avec le promenoir par une porte à serrure en croix avec un petit marteau en fer, et une petite baie, munie d'un volet mobile, pour le passage des objets.

J'ai compté vingt de ces maisonnettes et un auteur dramatique qui visitait, avec moi, prétendait que cette claustration « à volonté » serait bien bonne pour travailler la « scène à faire. »

Au réfectoire.

Onze heures sonnent, on va déjeuner; nous avons faim, cette promenade matinale a aiguisé notre appétit et c'est bête, mais si notre tête est pleine de tant de beautés, notre estomac est vide et il réclame.

Nous pénétrons dans une grande pièce, longue et éclairée par des baies sous plafond. Sur le mur, en face de l'entrée, « la Cène » en fresque, une des nombreuses copies de celle de Léonard de Vinci.

Tout autour de la salle, des boiseries sculptées élevées de deux mètres, le long desquelles un banc continu. Parallèlement, une table en bois, large de cinquante centimètres, à pieds scellés au sol. Nous sommes dans le réfectoire des moines; un grand crucifix au mur; on sent une vague odeur de renfermé.

La table, recouverte d'une nappe, est coquettement servie; chaque fiasco (bouteille) est bouché de fleurs; des fleurs en guirlandes serpentent entre les verres; chacun de nous a quatre verres, c'est beaucoup!

Ce fiasco est fait comme un ballon de chimiste, la boule entourée de jonc.

Le menu.

Devant chaque assiette, un menu sur parchemin imprimé en deux couleurs, rouge et noire. Je le transcris textuellement :

REFEZIONE DEL GIORNO 18 SETTEMBRE 1892

Certosa di Pavia.

Salati e burro.
Brodo.
Risotto guarnito.
Costolette alla milanese.
Legumi.
Carni fredde con gelatina.
Stracchino gelato.
Frutta e formaggio.
Caffè e liquori.

Je ne prends aucune peine pour traduire, je traduirai avec mon palais, ce qui me permettra de traduire en même temps mon goût.

Les fourchettes fonctionnent, nous sommes environ deux cents convives, et tous affamés.

Les fiasci.

Les *fiasci* se vident. Pour la commodité, le fiasco est placé sur un appareil à bascule; pour se verser à boire, on tire sur le goulot qui s'abaisse; figurez-vous tirer une clochette. Mon voisin de droite « a un joli gobelet », ce n'est pas une sinécure de lui verser à boire. A un moment, il fait une grimace atroce et regarde avec inquiétude son verre et moi, qui le lui ai rempli. Mon voisin de gauche, qui est du pays, part d'un fou rire. Je l'interroge. Il m'apprend qu'il y a toujours une couche d'huile dans le fiasco plein, et que c'est cette huile que vient de boire le collègue. Tableau !

Le risotto.

Le risotto guarnito, plat national, est du riz cuit avec du safran, des chairs d'écrevisses et des truffes blanches, c'est excellent, ma foi !

Mon voisin, *à l'huile*, m'affirme que très chaud, et entre deux linges, ce « risotto » lui ferait beaucoup plus de bien *sur* le ventre que dedans ! Je lui reverserai encore de l'huile pour le punir de ses observations saugrenues. Il y a toujours des gens qui se plaisent à couper l'appétit; peut-être aussi, est-ce sa vengeance !

Les vins.

Nous buvons le chianti, le barolo, le capri. Aux côtelettes, on sert le bordeaux dans les petits verres. Oh ! le bon vin de France, il n'y a encore que lui ! les autres ont je ne sais combien de degrés d'alcool;

celui-là, au contraire, c'est du velours, et puis n'est-ce pas un peu du pays que l'on retrouve! enfin, c'est une vieille connaissance, ce bordeaux!

Au dessert, *l'asti spumante* ressemble à notre champagne, mais ne le vaut pas; il a un goût un peu pharmaceutique.

Les discours.

Chut, chut! Allons bon, voilà les discours. A dire vrai, il faut bien remercier nos hôtes!

Ce que j'en ai déjà entendu de discours! et ce n'est pas fini, je pense; ce qui est pis, c'est que j'en fais aussi parfois! Aussi je n'écoute que distraitement, mais je réfléchis; c'est assez agréable de réfléchir en digérant.

Réflexions.

Notre déjeuner, me dis-je, n'est décidément pas banal. Nous sommes-là environ deux cents, dont cent vingt étrangers à peu près, venus de tous les points du monde et réunis par une idée commune : la défense des intérêts des travailleurs de l'esprit.

Nous nous connaissons à peine ou pas du tout, et cependant nous toastons aujourd'hui, nous travaillerons demain ensemble, nous prendrons des résolutions d'accord, puis nous nous éparpillerons et nous porterons à nos amis, à nos confrères, les résultats de nos travaux, les progrès que nous aurons réalisés.

Mais, en somme, ici, à un congrès, nous ne sommes que des bavards, des parleurs, si vous aimez mieux, en tous cas des laïques, archi-laïques même : sculpteurs, peintres, graveurs, auteurs dramatiques ou lyriques, compositeurs, éditeurs, écrivains, journalistes.

Nous avons admirablement déjeuné, nous sommes en pleine veine d'éloquence ou tout au moins d'exubérance, nous allons dire un tas de choses toutes plus belles évidemment les unes que les autres.

A la parole qui la demande, après les orateurs officiels et les remercîments obligés.

L'un vante l'art pur dans ce palais de l'art.

L'autre préconise les droits sacrés et imprescriptibles des ouvriers de tout art.

Le troisième évoque l'alliance de deux peuples frères, les faits d'histoire communs à deux nations.

Le quatrième oppose l'oppression de l'Autriche à la protection de la France, d'où est sortie l'unité nationale de l'Italie.

Le cinquième pose un énorme point d'interrogation sur une Triplice inexplicable, une lutte fratricide impossible et cependant diplomatiquement préparée.

Un sixième rapproche l'escadre de Gênes du congrès de Milan, le congrès que nous inaugurons.

D'autres enfin célèbrent, en alexandrins, l'alliance des peuples, etc., etc.

Tous parlent avec une liberté entière, les bons endroits sont applaudis et avec quel tapage !

Et c'est dans le réfectoire des moines que nous sommes, dans le réfectoire de ceux dont la règle était le silence !

Évocation macabre.

Si les ombres de tous ces silencieux, de tous ces *cénobites* qui ont vécu dans ce couvent depuis 1476, si les ombres de ces mystiques à vie purement contemplative, nous entendent, quelles réflexions doivent-elles faire ?

Si ces êtres comparent leur existence de silence, de recueillement, de subordination aveugle avec notre vie, toute d'efforts, de luttes, d'aspirations de liberté, d'affranchissement et d'indépendance, quels contrastes !

Et ces murs, ces fresques, ces ossements sous nos pieds, doivent-ils être étonnés en même temps que remués par ce grand souffle de liberté ! Ces squelettes d'artistes dans la crypte, ne se redresseront-ils pas à la voix chaude de leurs confrères vivants, et n'allons-nous pas les voir apparaître dans cette salle pour, eux aussi, parler de l'art qui leur a été assez cher pour lui consacrer toute leur vie ?

Jusqu'alors endormis, de leur vivant déjà, par les étranglements d'une discipline implacable, d'une règle uniforme, puis par la mort, ces grands artistes vont-ils rester muets? ces murs qui ont, pendant des siècles, abrité des cerveaux asservis et matés, des crânes courbés et chauves, doivent être ébranlés, remués par ces idées libres sorties de têtes affranchies et fières !

Oh ! ces murs, ces fresques, que ne peuvent-ils nous dire ce qu'ils pensent ! que ne peuvent-ils nous donner leurs impressions ! comme nous aimerions entendre leurs récits ? et ces os blanchis, que ne peuvent-ils reprendre, ne fût-ce qu'un instant, leur moelle, reconstituer leur chair et nous dire ce qu'ils ont vu, ce qu'ils ont fait, ce que leur maître, leur cerveau, pensait ! Hélas ! non, rien de tout cela ne bouge, le passé ne renait pas.

Après déjeuner.

Tout a une fin (la nôtre étant apaisée), même les discours, et nous quittons le réfectoire pour aller prendre le café, servi sur l'entablement du mur d'appui de la cour centrale.

Les cigares.

Les cigares circulent, et quels cigares ! Ce sont de grands porte-plumes noirs et cintrés, ou mieux des racines de salsifis, qu'on apppelle des « virginia », parce que, paraît-il, le tabac vient de la Virginie. Pour les allumer? c'est très simple. Vous les approchez d'une lampe à alcool ou d'un bec de gaz allumé, et pendant cinq minutes vous laissez charbonner le bout du cigare opposé à la paille.

Le charbon ardent obtenu, vous retirez du cigare une paille centrale et vous fumez, tout doucement, par exemple, sans quoi vos tempes se congestionnent.

Les cigarettes sont toutes en tabac turc, jaune, opiacé et lavé, qui sent le foin.

Quant au tabac français, pas de trace à Milan.

Musée national.

Je demande comment le monastère, vide de tout moine, semble cependant habité, car tout est à sa place, propre, bien entretenu comme dans une maison encore occupée par ses hôtes.

On me répond que la communauté a été dissoute après 1870; que quelques moines avaient d'abord été laissés comme gardiens, mais que depuis 1880, les derniers moines sont partis, et qu'actuellement la Chartreuse est un musée national et propriété de l'État.

Bataille de Pavie.

On me rappelle aussi que c'est près de cette Chartreuse qu'eut lieu, le 24 février 1525, la fameuse bataille de Pavie où François Ier fut battu et fait prisonnier par Lannoy, général de Charles-Quint.

Une visite à la ville de Pavie nous paraît inutile; nous ne verrions ni mieux ni même aussi bien que ce que nous avons vu ici. Nous repartons pour Milan.

Si bon que soit un déjeuner et malgré la formule :

« quand on déjeune bien, on ne dîne pas », l'estomac réclame à son heure, et nous entrons, plusieurs Français, dans une grande brasserie très achalandée.

A la brasserie allemande.

Examen fait, nous *sentons* l'allemand. Les peintures aux tons criards, les verres de couleur lumineux en girandoles, les massifs lampadaires, les bocks en grès blanc à couvercle d'étain, tout cela est teuton. Dans ce pays, qu'on nous répète si francophile, nous n'avons pas encore trouvé d'établissement français; tout ce qui n'est pas italien est allemand.

Cela tient, nous dit-on, à plusieurs causes : d'abord nous ne voyageons pas assez, ensuite Milan n'est pas sur l'itinéraire des voyages circulaires, et quand on a vu Venise, Florence, Rome, on ne va pas à Milan, tandis que les Anglais allant aux Indes ou promenant leur spleen, les Allemands, toujours en germinisation, et n'ayant ni les uns ni les autres grand goût pour leur chez soi, sont très nombreux ici.

Je ne discute pas ces causes, mais j'en déplore vivement les effets.

Nous nous sommes installés, nous avons commandé notre dîner. Aucun de nous ne sachant l'italien et sachant encore moins l'allemand, tous les garçons successivement, puis le patron, sont venus écouter nos commandes. Nous avons attendu une demi-heure, on ne nous a rien servi et nous nous sommes en allés, enchantés de ne pas laisser un centime à *l'ennemi héréditaire*, et aussi en nous congratulant réciproquement sur notre connaissance des idiomes étrangers.

Les séances des commissions et celles des discussions nous laissent, dans leur intervalle, quelques loisirs. Nous les employons en visites des monuments.

La Cathédrale.

La cathédrale « el duomo », est dédiée « Mariæ nascenti ».

L'impression que l'on ressent, en regardant ce monument, est singulière. Les uns sont enthousiastes, les autres disent que c'est affreux. Je soupçonne ces derniers d'être photographes, parce que les masses ainsi blanches, *viennent* mal en photographie. Personnellement, je trouverais l'aspect encore plus agréable si, à chaque minute, des guides ou des marchands d'albums, ne nous assaillaient de leurs offres.

— Merci, non, mais non. Enfin : basta! alors ils quittent pour être remplacés par d'autres.

Que de marbre, que de marbre, aurait pu dire un personnage célèbre !

Quels architectes, quels artistes, que de temps, que d'argent ! dirons-nous.

L'intérieur, me dit-on, peut contenir, sans encombrement dix mille personnes.

— A midi, venez régler votre montre ici. Je regarde au plafond où je vois un petit trou par lequel, à l'heure dite, se projette un rayon de soleil sur le sol en mosaïque de marbre.

Saint Charles Borromée.

Moyennant cinq francs, je descends visiter la crypte, sous le chœur, et j'aperçois Charles Borromée dans son cercueil. Un peu fané, ce pauvre saint, mais si j'étais là depuis aussi longtemps que lui...

Moyennant vingt-cinq centimes, je monte sur le toit en dalles de marbre (soixante-cinq mètres du sol), et au dôme (cent huit mètres du pavé).

Je constate qu'une voiture à deux chevaux peut circuler sur cette toiture; que les nombreuses aiguilles surmontées de saints, sont d'un travail aussi soigné que varié, et que du balcon du dôme, je vois : la vaste plaine lombarde, le grand et splendide cercle des Alpes et dans le lointain les Apennins.

Le coup d'œil est merveilleux et nulle part je n'avais vu si magnifique panorama.

Quoique avec peine, je me détache de ce balcon et je redescends voir ces verrières si renommées. Derrière le chœur, ce fameux candélabre en bronze, dit de « l'Arbre », ces autels étonnants de richesses d'ex-voto, et je m'arrête devant un confessionnal dans lequel on cause.

Les confessionnaux.

Les confessionnaux, en Italie, ne sont pas comme en France, de grandes armoires fermées au milieu et presque fermées sur les côtés. Non. Au milieu, une porte basse, soixante centimètres environ ; sur les côtés une mince cloison en planche séparative du milieu, un petit banc et c'est tout. En sorte que se voient très bien et le confesseur et le pénitent. Le confesseur a la figure derrière un volet, grand comme le couvercle d'un livre, qui doit fermer et ouvrir la communication avec le pénitent. Au bruit de nos pas, il sort la tête, sa pénitente n'est probablement pas intéressante.

En somme, on va se confesser à peu près en plein air. Je trouve ce système préférable à celui employé chez nous, et bien qu'au fond ce me soit parfaitement égal, je ne puis m'empêcher de dire que c'est plus franc et peut-être plus orthodoxe.

On me dit que pour absoudre des péchés véniels, le prêtre se contente de toucher d'un petit bâton la tête du pénitent. J'aurais voulu voir cela, mais personne à ce moment n'avait, paraît-il, de péchés véniels à se faire remettre. Un collègue, auteur de grand renom, que j'engage à essayer du petit bâton, m'affirme qu'il n'a aucun péché véniel, il n'en n'a que des mortels et alors, me dit-il, ce serait une *trique* qu'il faudrait.

Électricité.

Nous continuons, mais nous constatons que les potences en vilaine quincaillerie qui soutiennent les lampes à incandescence au-dessus des confessionnaux en chêne sculpté font mauvais effet. L'électricité, dans un monument daté de 1386, quel anachromisme! Ce marbre fouillé, ces dentelles de marbre, ces scènes de la vie biblique, éclairés par l'électricité?

Une cagoule.

Mais une grande ombre nous frôle, je me retourne et j'aperçois un grand spectre dont on ne voit que les yeux brillants, tout le reste est noir et se termine en pointe!!

C'est un religieux quelconque en *cagoule!*

Je pense immédiatement, je ne sais pourquoi, au conseil des Dix; cet homme en cagoule, à la fin du XIXe siècle, circulant ou plutôt glissant dans cette église, dans l'électricité, est-ce un revenant? Quoi qu'il en soit, cette cagoule nous a jeté un froid et nous nous dirigeons vers la porte.

Un complet en peau.

Précisément, nos regards tombent sur une singulière statue d'un homme grandeur naturelle, tenant sur son bras un pardessus. Nous approchons et nous constatons que c'est un saint en costume d'écorché, qui porte sa peau sur son bras!

Quelle bizarre idée. Après la cagoule nous partions, après ce saint écorché, nous fuyons, et rapidement.

D'églises en églises.

Bien que ce maudit galet, qui *pave* les chaussées milanaises, soit un martyre pour les pieds, il faut marcher et nous entrons dans toutes les églises situées sur notre route.

Partout des marbres, des sculptures, des fresques, partout des richesses, des bustes de papes ou d'évêques, je ne sais, en argent ou en or.

Continuellement, des offices, des chants, des orgues.

Comme dans ce pays, me dit mon compagnon, on comprend aussi bien le fanatisme religieux que la libre-pensée, c'est-à-dire les deux extrêmes, l'un attirant fatalement l'autre, en religion comme en politique, et en bien autre matière encore! Il a peut-être raison, mon compagnon!

Ici, une draperie rouge à franges en simili-or sur la grande porte, à l'extérieur, annonçant une cérémonie qui est aussi indiquée par un écriteau, en haut de la draperie; là, un enterrement, les draperies sont noires, à franges d'argent, et l'écriteau peint indique les noms, prénoms et qualités du défunt. En y mettant le prix, on ajoute encore ses vertus sur ledit écriteau, alors beaucoup plus grand.

Les sacristains.

En passant, je remarque quelques bons types, notamment des sacristains, je pense.

Culottes courtes, bas noirs, beaux mollets, redingote de pompes funèbres, figure glabre, mais rougeaude, et sur la tête, une casquette de soie noire. Or, les casquettes, ici, sont rares, les ouvriers portent des chapeaux mous aux tons aussi variés que vifs.

Un ossuaire.

Une chapelle m'a frappé. Elle est située près d'un marché, non loin du cours Victor-Emmanuel.

Cette chapelle est tapissée, du haut en bas, de gros ossements humains, tibias, fémurs, etc.; les entablements et toutes les saillies sont garnis de crânes. C'est lugubre.

Ces ossements placés non en long, mais *en bout*, sont protégés par un grillage en fer et comme on doit plumeauter souvent tous ces objets, les parties saillantes, dans les mailles, sont blanches, polies et par conséquent luisantes, tandis que, aux endroits des nœuds en treillage, c'est noir foncé.

De vilaines aquarelles, en ex-voto, apprennent que la dévotion spéciale à cette chapelle garantit des accidents de voitures.

Je comprends très bien cela, dans un pays où les trottoirs sont au niveau de la chaussée, mais je me demande si tous ces crânes et ces os ont appartenu à des gens écrasés dans la rue?

Si oui, où est la protection? si non, que font ces os et ces crânes en bibelots d'étagère? Il est vrai qu'il y a autant de troncs que de places à s'agenouiller dans cette chapelle, sans compter ceux des murs, et ce musée macabre favorise peut-être les recherches au porte-monnaie?

Quoi qu'il en soit, nous quittons rapidement cet ossuaire, en nous disant que l'homme à la cagoule en représenterait fort bien le gardien.

A Sainte-Marie-des-Grâces.

Au moyen d'un fiacre, je vais derrière la gare du Nord (chemin de fer de la banlieue de Milan), à Sainte-Marie-des-Grâces, où se trouve la fresque originale de Léonard de Vinci : *la Cène.*

En fiacre.

Mon cocher est poli, voire même complaisant; il n'écrase personne, ne se dispute avec aucun confrère et ne me demande qu'un franc ou plutôt une *lire* pour sa longue course, sans pourboire.

Le pourboire n'est pas de *droit*, ici, pour les cochers.

On pourra facilement établir les différences qui existent entre les cochers de Milan et ceux de Paris. Pendant tout mon séjour ici, je n'ai vu aucun cocher broyer de *bourgeois;* je n'ai entendu aucune querelle entre eux et je n'en ai vu aucun non plus s'abritant derrière sa roue, en plein jour, pour... lire son numéro.

Arrivé sur une place assez vaste, je vois trois portes : celle de l'église; à côté en équerre, une autre au-dessus de laquelle est écrit : « Cenacolo »; à la troisième, il y a deux soldats éperonnés en faction. Est-ce que l'on garderait militairement la fresque? Est-ce que l'on craint que les Anglais l'emportent ?

Après réflexion, je crois que les deux solats gardent l'entrée de leur caserne et que Cenacolo doit être l'entrée que je cherche.

J'entre donc, et on me demande une lire pour me faire passer dans un tourniquet.

La fresque de Léonard de Vinci.

Je me trouve dans une grande salle, un ancien réfectoire de couvent, et c'est sous la Cène célèbre qu'une grande baie, aujourd'hui bouchée, servait à passer les plats.

L'œuvre de Léonard de Vinci, exécutée de 1494 à 1497, a neuf mètres de longueur sur quatre mètres et demi de hauteur.

Elle est très abîmée par le salpêtre ou l'humidité, je ne sais; mais le dessin est pur, la perspective est savante et admirablement rendue. Les couleurs sont faibles, mais c'est bien un chef-d'œuvre dans toute l'acception du mot.

Autre fresque.

Du côté opposé, est une autre fresque représentant

le Calvaire et une foule énorme de moines et de nonnes. J'ignore la date et le nom de l'auteur de cette fresque, mais que n'est-ce cette dernière que le salpètre mange, au lieu de l'autre!

Tous les tramways, sans exception, revenant place du Dôme, il est extrêmement facile de retrouver son chemin; moyennant dix centimes, je reviens au point central de la ville.

Au théâtre del Varme.

Tom-Canon lutte à theatro del Varme, un grand théâtre près du jardin public, très joli, par parenthèse. Son adversaire est un Italien.

J'entre et je demande une place : deux lires; les voici. On me donne un ticket. On me montre des couloirs, et j'arrive dans une grande salle avec des loges jusqu'au cintre.

Je vais pour m'asseoir sur la plus proche banquette, on me dit qu'il faut payer. Je montre mon ticket de deux lires. Oui, mais ces deux lires étaient pour entrer seulement. Le droit de s'asseoir se paie en sus. La lumière jaillit immédiatement dans mon esprit : on a pavé (?) les rues en galets, uniquement pour contraindre les gens à s'asseoir au théâtre et on le leur fait payer; encore trop heureux!

Après de nombreuses *passes*, aussi habiles les unes que les autres, après trois reprises différentes, après avoir mouillé je ne sais combien de mouchoirs et de serviettes, car le torse est nu, au milieu d'une émotion énorme, si j'en juge par le tapage infernal de tous les spectateurs, Tom-Canon, le grand Tom-Canon touche des deux épaules sous l'Italien.

On applaudit et on siffle, j'avoue que je n'y comprends rien. Comment, en Italie, un Italien est vainqueur et on siffle, c'est trop fort.

Le truc.

Un collègue du congrès, auteur dramatique aussi malin que Parisien, m'explique que si Tom-Canon, le grand Tom-Canon est battu, ce n'est qu'un simple *truc*. S'il avait été vainqueur, c'était fini; tandis que, vaincu, il portera un défi, un gros enjeu sera engagé et la salle sera encore une fois pleine, demain!

— Allons donc ? Vous croyez ?

Parbleu ! le lendemain tous les murs publiaient le défi, avec trois mille lires d'enjeu.

Je n'aurais certainement pas trouvé cela tout seul, et voilà comment on s'instruit en voyageant; mais je ne retournerai plus dans cette galère, même si on m'offrait gratuitement un siège. Je n'aime pas ces duperies.

A l'Éden.

Non loin de ce théâtre, se trouve *l'Éden*. C'est un café-concert; mais du moins en donnant une lire, à l'entrée, on s'assied gratis, sauf à consommer, « byrra », ou autre chose.

Quand on sait le latin...

Comme on m'a prévenu, à Paris, que l'italien était une langue bien simple et que du moment où on sait un peu le latin, on comprend tout de suite l'italien, je suis très à mon aise pour goûter les Paulus milanais.

Je vois défiler des chanteuses, des chanteurs qui ouvrent des bouches énormes; j'assiste à une pantomime-ballet à grands effets et j'applaudis chaque numéro, à ce point que j'ai les mains en feu.

Ne croyez pas, au moins, que j'aie compris un traître mot de tout ce qui a été dit, tant en vers qu'en prose.

Bien que me rappelant encore pas mal de latin, je n'ai pas saisi un mot de cette langue, si facile... à Paris.

Quoi qu'il en soit, j'ai fait un joli succès aux artistes, ce soir-là, puisque on ne m'avait pas fait payer ma chaise. Je m'en suis montré reconnaissant.

Je suis d'avis aussi, qu'à l'étranger, c'est un devoir de politesse et de courtoisie de trouver tout superbe et de le manifester à chaque occasion.

J'ai même été puni, car j'ai applaudi aussi avec la même fureur une grande chanteuse rousse, grimaçante et laide, qui est revenue trois fois. Comme je n'étais là que pour l'esthétique!... Enfin, c'est passé.

Le cimetière.

Le Campo Santo ou cimetière m'a été très recommandé, je m'y suis rendu.

Toutes les tombes, même les plus modestes, ont une petite lanterne avec veilleuse qu'on allume le jour de la fête des morts. Ce doit être singulier comme ensemble, ce vaste champ de vers luisants!

Beaucoup de monuments sont des œuvres d'art de grand prix. On me parle de deux à trois cent mille francs, et je ne m'en étonne pas.

Des bustes en marbre et en bronze; des temples grecs, sous lesquels des familles entières dont les membres sont sculptés en marbre, grandeur naturelle.

Des anges en bronze aux ailes déployées, des groupes, des photographies, des biographies gravées.

Au tournant d'une allée, j'ai été péniblement surpris à la vue de deux grandes portes en marbre d'un temple en marbre.

L'une est entrebâillée; trois marches, que gravit une femme jeune et belle, tenant à son sein nu un bébé. Cette femme pousse d'une main la porte, de grosses larmes perlent à ses yeux; à ses pieds, un autre enfant assis, pleurant, tient un livre sur lequel est le nom de son père; il regarde sa mère.

Là, est le chef de famille enlevé à la fleur de l'âge et en plein bonheur. C'est navrant d'expression et de vérité, le cœur se serre à ce spectacle trop vrai et malheureusement trop fréquent.

Fours crématoires.

Aussi je me hâte de quitter ce lieu et je ne m'arrête que pour voir fonctionner un des deux fours crématoires. Je vois une fumée épaisse; deux hommes scient le bois du bûcher, un troisième alimente la fournaise, le défunt... chauffe.

C'est l'affaire d'une heure et demie seulement, me dit l'un des hommes. Brrr..., ce feu donne froid aux os.

A Paris, on tonne contre la crémation! Cependant Paris est bien plus loin de Rome que Milan, je pense. Après tout, je me trompe peut-être!

Au théâtre Manzoni.

Le théâtre Manzoni est le seul qui joue.

En septembre, en effet, toute la société milanaise et même la bourgeoisie sont à la campagne.

On donne *Rigoletto*. Je paie aussi là pour entrer et je repaie pour m'asseoir, toujours le bénéfice des rues en galets.

A l'orchestre, parmi les instrumentistes, je vois deux femmes : l'une joue du violon, l'autre du violoncelle.

A Paris, on n'admet pas ainsi les femmes. Je me demande pourquoi? Chacune d'elles, ici, fait consciencieusement sa partie, et je ne m'aperçois pas qu'il y ait le moindre inconvénient à leur présence au milieu de leurs camarades hommes. Aujourd'hui, on se dit partisan du travail honnête des femmes, pourquoi ne pas leur faciliter celui-là ?

Je connais heureusement la pièce et je m'y intéresse, car là encore mes souvenirs du latin me servent peu.

A Paris, si j'ai bonne mémoire, le rideau tombe quand Rigoletto reconnaît sa fille dans le sac; ici on va jusqu'au bout, mais les derniers chants de la malheureuse, sur l'épaule de son père, sont extrêmement pénibles et c'est la raison, probablement de la coupure, à Paris.

A l'Ambassade de France.

Le mercredi 21 septembre, veille de la fête du centenaire de la proclamation de la République en France, nous faisons visite à notre consul, vià Cerva. Nous n'avons ici que ce moyen de fêter ce grand anniversaire.

Le lendemain, jeudi 22, nous allons à Côme faire l'excursion offerte par la ville de Milan.

Nous partons de la gare centrale, à 8 heures du matin, par train spécial.

A Bellano.

Nous arrivons à Bellano, sur les bords du lac, à 10 heures et demie.

Aussitôt le train en gare, des pétards éclatent; une fanfare joue.

Le maire de la ville, le recteur, nous reçoivent, et nous quittons la gare en procession, musique en tête, pour nous rendre au municipio où un vermuth d'honneur nous est offert. Oh! ce vermuth, comme j'en boirais, si le bain sucré du Monsieur, à Turin, ne m'était resté en mémoire!

Sur le paquebot.

Après des toasts et des remercîments, nous embarquons sur le paquebot « Lombardia », toujours aux sons de la fanfare qui reste sur le quai d'embarquement.

Tout le long du cordage du paquebot, des drapeaux, et des flammes aux couleurs de toutes les nations.

Nous remarquons, avec plaisir, que deux grands drapeaux, à l'avant, sont: l'un italien, l'autre français. Nous retrouverons, du reste, la même attention courtoise aux différentes stations que nous ferons sur le lac.

Sur le lac de Côme.

Ce lac est de toute beauté, entouré de ces hautes et belles montagnes sur lesquelles, à toutes les hauteurs, des châteaux et des villas.

C'est le Nice italien, dit-on.

Un lunch est offert dans la salle à manger du bateau. On nous prévient que nous déjeunerons tard, il faut prendre des forces.

Le lunch est servi avec ordre, empressement et profusion; les huissiers de ville sont à notre service avec la livrée aux armes de Milan.

On n'est pas plus aimable, il faut le reconnaître.

Chez la duchesse Melzi.

Nous stoppons à une propriété qui paraît splendide et nous mettons pied à terre.

Nous sommes chez la duchesse Melzi d'Eril, qui a manifesté le désir de recevoir les congressistes.

C'est une belle et grande dame, à la tête de toutes les œuvres patriotiques et de bienfaisance. Elle nous reçoit, entourée de ses enfants et petits-enfants, et nous engage à visiter son parc et son château.

C'est merveilleux partout; dans cette immense propriété, on reconnaît le goût d'une femme artiste.

Les kiosques algériens, les armes des Melzi d'Eril en fleurs naturelles, en pleine terre, occupant cent mètres carrés; ailleurs des tentes-abris pour des vues entre montagnes, etc., etc.

Les appartements sont richement meublés; aux murs, des tableaux originaux, dont le portrait du premier consul; l'ameublement, du reste, est dans le style Empire, mais de la bonne marque.

Dans un mausolée de marbre sont les restes du duc, et de son fils Gaëtan, mari de notre gracieuse hôtesse.

La duchesse est, je crois, la bru de l'ancien chambellan de Marie-Thérèse, qui contribua à l'établissement de la République cisalpine, qu'il représenta au congrès de Rastadt et fut député à la Consulte de Lyon, en 1802. Bonaparte le nomma vice-président de la République italienne et le créa duc de Lodi, en 1807, avec 200,000 francs de rentes.

C'est donc presque une Française et nous croyons, dans notre présomption nationale, que c'est à nous Français seuls, que son invitation a été adressée. Nous en sommes heureux.

La visite terminée, nous nous inclinons tous en défilant devant cette famille hospitalière; nous embarquons et nous levons en l'air nos chapeaux en poussant des vivats à ces amis de la France, pendant que les trois petits canons, sur roues, du château lancent leur poudre sur le lac.

A Bellagio.

A 1 heure et demie, nous débarquons à Bellagio, au *Grand-Hôtel*, pavoisé de drapeaux internationaux.

Une fanfare nous salue de ses joyeux accents, les canons de l'établissement tonnent auprès du garage.

Décidément, nous nous croirions à Nice, à la vue des palmiers, en pleine terre, des lauriers roses, des fleurs et des bananiers géants qui décorent les jardins.

Déjeuner à la française.

Nous faisons honneur au déjeuner dont voici le menu, écrit en français sur nos cartes nominatives :

Consommé parfait
Turbot sauce hollandaise
Roastbeef à la Renaissance
Perdreaux — Poulardes à la gelée
Salade russe
Glace aux framboises
Pâtisserie
Dessert assorti
Café et liqueurs
Vin blanc — Chianti — Médoc — Moët et Chandon.

Nous nous croyions en France, dans un bon restaurant de Paris. A l'étranger, on aime les petites attentions. Le menu en français, le service à la française et nos vins de France, nous ont fait grand plaisir.

Pendant tout le repas, la musique n'a cessé de jouer dans le jardin, et certains morceaux nous sont familiers, c'est de la musique française. On nous gâte, décidément.

A Côme.

A 4 heures, départ pour Côme, à travers le lac.

A Côme, des omnibus spéciaux nous prennent au bateau et nous conduisent à la gare.

Par ce temps magnifique (que nous avons eu pendant tout notre séjour à Milan), cette promenade sur le lac était un *délicieux* rêve dont certes, tous nous conserverons longtemps le *délicieux* souvenir.

Le buste de Paolo Ferrari.

Le lendemain, vendredi 23, à 9 heures du matin, nous nous rendons au palais de Bréra pour inaugurer le buste de Paolo Ferrari, auteur dramatique célèbre.

Son fils, le plus aimable homme du monde, assiste à cette fête.

Une musique militaire joue dans la cour du palais, auprès de la statue en bronze de Napoléon Ier, de Canova. Le héros est nu, tenant le monde dans une main, le sceptre dans l'autre, l'épée est accrochée à un arbre.

Au palais Brera.

La cérémonie terminée, nous parcourons les nombreuses galeries de ce palais de l'Académie des Beaux-Arts.

Nous nous arrêtons spécialement devant le Mariage de la Vierge, de Raphaël, et l'esquisse par Léonard de Vinci, de la tête du Christ de la Cène (salle V).

Un raccourci.

Dans la même salle, nous admirons un *raccourci* d'une bien belle facture.

La toile a cinquante centimètres de hauteur et représente le Christ descendu de la croix, étendu sur le dos. En se plaçant à l'extrémité de la salle, le cadavre a deux mètres de hauteur et son anotomie est parfaite. Je crois que rien n'est difficile comme un *raccourci* et j'admire le talent de ce peintre, à peu près inconnu, cependant.

Représentation de gala.

Le soir, à 8 heures et demie, une représentation de *gala* nous est offerte au théâtre Manzoni par la société italienne des auteurs. La pièce jouée est intitulée : « Goldoni », comédie en quatre actes.

Goldoni.

Autant que j'ai pu comprendre, le sujet est celui-ci : jusqu'alors, les auteurs se contentaient d'indiquer un canevas (canavaccio) de pièce aux acteurs qui y donnaient le développement que bon leur semblait.

Goldoni fut le premier qui écrivit le texte tel qu'il devait être récité, et il était interdit aux acteurs d'y rien changer. D'où révolution dans le monde théâtral : les uns tiennent pour, les autres contre la nouvelle méthode; une scène entre acteur et souffleur est particulièrement comique. Les acteurs portaient le masque traditionnel et des costumes de convention. Goldoni eut l'audace d'abolir ce masque, de mettre les costumes en harmonie avec l'état des personnages, enfin substitua à des bouffonneries souvent indécentes la peinture des mœurs contemporaines.

Goldoni naquit à Venise, en 1707, et mourut à Paris, en 1793.

L'auteur de Goldoni.

L'auteur de la pièce est Paolo Ferrari, dont ce matin même, nous inaugurions le buste, et nous n'avons pas ménagé nos éloges à son fils, qui était de nos collègues, et certes des plus aimables.

Comme intermèdes, l'excellent orchestre joue : la symphonie de *Mignon*, d'Ambroise Thomas; la symphonie en *do*, de Foroni, et la *Cavalleria rusticana*, de Mascagni, qui est très goûté ici.

Le dévidoir à paroles.

Les étrangers se plaignent souvent, chez nous, de ce que nous parlons trop vite. Je les engage à aller entendre la comédie italienne, c'est un véritable déluge de paroles et, certainement, il nous faudrait de l'étude pour les égaler en vitesse de prononciation.

Quel *dévidoir!* me disait un collègue, en entendant Goldoni exposer sa méthode.

Quelle mémoire, me disais-je, pour retenir ces rôles qui doivent être terriblement longs, si j'en juge par la quantité de mots qu'en deux heures on a prononcée! c'est prodigieux!

Politesse aux hôtes.

Avant cette représentation, nous avons offert à dîner à nos collègues italiens, à l'Hôtel-Continental, où nous avons fraternisé, d'autant mieux que nous nous connaissions davantage et qu'une cordialité pleine de courtoisie s'était établie entre nous tous.

L'album du congrès.

Le lendemain samedi, dernière séance du congrès. Nous préparons l'album que nous devons laisser à la société des auteurs, comme souvenir de notre passage et comme remercîment de leur cordial accueil.

En terminant chaque congrès, nous laissons ainsi un album sur lequel chacun des congressistes écrit ou dessine quelque chose.

Sur l'album de Milan, dont quatre feuillets sont illustrés par Henri Pille qui a, entre autres, représenté le délégué suisse, en costume de Guillaume Tell, brandissant la flèche qui va traverser la pomme. Quel talent il a, Pille ! et quel brave camarade il est ! nous ne lui connaissons que des amis, et ils sont nombreux, ce qui est de toute justice.

J'ai copié quelques *feuilles* qui m'ont paru belles.

Feuilles d'album.

M. de la Brière, délégué de la société des gens de lettres de France, a écrit ces belles stances :

À LA VILLE DE MILAN

Cité du clair soleil et des marbres géants,
Salut à ton présent; salut à ton histoire!...
Nos pères, sous tes murs, ont poursuivi la gloire :
C'est la paix aujourd'hui que cherchent leurs enfants.

C'est la paix dans le droit; c'est la sainte alliance
Assurant, en tout lieu, les moissons au semeur;
C'est le fruit du labour, acquis au laboureur,
Dans le champ des beaux arts et de l'intelligence!

Et tu nous as prêté l'abri de tes palais,
Pour cette vaste assise où vinrent les deux mondes;
Sous ton aile unissant leurs études fécondes,
Mêlant à leurs travaux tes séduisants attraits.

Ta splendeur d'autrefois, et ta splendeur nouvelle,
Tu nous as tout offert, en tes dons généreux.
Merci! Crois et prospère en tes destins heureux!
Que Dieu te fasse encore et plus grande et plus belle!

M. Henry Becque, le spirituel auteur dramatique bien connu, a fait et signé ceci :

Le temps et ses leçons amères
Ne nous guérissent qu'à moitié.
Nous reconnaissons nos chimères
Sans pouvoir les prendre en pitié.

Une heure après des maux sans trêves
Nous nous arrêtons consternés
Et puis nous reprenons nos rêves
Que leur histoire a condamnés.

Poètes, quel sort est le nôtre?
Nous courons d'une erreur à l'autre
Têtes folles et cœurs blessés

Dans ce besoin d'aimer immense,
Une voix nous dit : recommence,
Quand l'autre nous dit : c'est assez.

M. Raoul Ponchon a dit :

Écarquille tes yeux à la beauté des choses,
Respire le parfum des femmes et des roses,
Bois comme un banc de sable et sois bon comme un chien,
Et tâche de mourir bien.

M. Grenet-Dancourt, l'excellent camarade et l'auteur de tant de jolies pièces à succès, a tracé ces lignes :

Les luttes artistiques et littéraires sont les seules possibles entre l'Italie et la France ; toutes les autres seraient fratricides, impies, sacrilèges et contre nature.

C'est lui, Grenet-Dancourt, qui aux toasts du dîner offert à la société des auteurs, nous a si bien dit ce sonnet, composé cinq minutes avant de se mettre à table, se souvenant de l'affection des Italiens pour leur Reine :

JALOUSIE

Noble et superbe Italie
Pays du rêve, séjour
Dont on parle avec amour,
Et que jamais on n'oublie !

Terre par l'art ennoblie,
Et belle autant que le jour !
Je confesse sans détour
Que ma France au fond t'envie !...

Non pas ton climat, ton ciel;
Ton soleil et ses caresses
Tes palais et leurs richesses :

Ni ton renom immortel!
... Mais la grâce souveraine
Du sourire de ta Reine.

Des bravos chaleureux ont accueilli ces vers, et nous croyons savoir que le soir même ils étaient envoyés à Monza, où certainement ils ont dû faire grand plaisir.

Sur l'album, moi, le plus modeste et le plus inconnu de mes collègues, je me suis contenté d'écrire :

En quittant l'Italie, j'emporte — avec le souvenir ému de l'accueil fraternel que nous y avons reçu — beaucoup d'espérances.

Un membre de l'Institut de France y a tracé des caractères cunéiformes.

Chacun fait de son mieux.

« *Souvenir du Courrier.* »

Le matin, nous recevions, à domicile, un coquet carton sur lequel, en lettres d'or, est écrit :

XIV Congresso internazionale
litterario et artistico
Ricordo del Corriere della Sera

contenant quatre magnifiques photographies de :

Bernardino Luini : *Vierge au lis.*

Leonardo da Vinci : *Esquisse de la tête du Christ de la Cène.*

Giovan Antonio Boltraffio : *Vierge.*

Cesare da Sesto : *Vierge.*

Ce souvenir nous est offert par le directeur du journal : *Corriere della Sera*, M. Torelli, notre sympathique collègue au congrès, dont l'amabilité et la cordialité ne se sont jamais démenties. Aussi lui avons-nous donné rendez-vous à Paris, où nous aurons grand bonheur à le retrouver.

Séance de clôture.

La séance de clôture a eu lieu à 2 heures, présidée par le ministre de l'Instruction publique d'Italie, délégué par le Roi. Étaient présents : le préfet de Milan, le maire et tous les membres du congrès.

Comme à la séance d'ouverture, nous sommes en habit noir.

La salle est pleine, nous constatons que nous avons maintenant des amis dans la ville. Nos relations, si charmantes et si cordiales entre collègues, nous ont attiré des sympathies nouvelles.

Tous les délégués disent combien ils ont été heureux de la chaude réception qui leur a été faite, quel charmant et reconnaissant souvenir ils emporteront dans leurs pays de cette hospitalité. Ils remercient le Roi, le ministre, le préfet, la ville de Milan, les délégués italiens de leur si bon accueil et constatent avec joie que l'un des côtés utiles du congrès est l'alliance des esprits préparant, il faut l'espérer, l'alliance des peuples.

On regrette de se quitter, maintenant que l'on se connaît davantage. En partant, ce n'est pas adieu mais au revoir, qu'on se dira dans d'affectueux serrements de mains.

A Verdi.

L'agent général de la société des auteurs et compositeurs de musique de France, ce bon ami qui s'appelle Souchon, a eu l'heureuse idée de proposer un vote unanime en témoignage d'admiration au maëstro Verdi, dont la nouvelle œuvre *Falstaff* sera représentée dans la première semaine de février, à la Scala de Milan.

Ce vote a eu lieu par acclamation et au milieu de bravos prolongés, qui ont été bissés en faveur de M. Boïto, l'auteur du livret de *Falstaff*, présent dans la salle et confus de ce gros succès dont il n'avait pas été prévenu.

Ne bougeons plus!

Avant de quitter la salle, un photographe demande à photographier le congrès; nous nous y prêtons de bonne grâce, et l'apôtre du : *Ne bougeons plus*, impressionne ses plaques, dont il nous offrira ensuite les épreuves individuellement, moyennant sept francs par exemplaire.

Ce bon égoisme.

C'est très ingénieux, et je gage qu'il en vendra beaucoup, tant notre maudit *amour* du *moi* est satisfait à la vue de notre chère personne entourée de comparses, car chacun se voit, comme sujet principal; les autres ne sont que le cadre.

Bien entendu, personne n'avoue cela, et comme la langue est faite pour déguiser la pensée, on cache avec soin son sentiment intime, en disant : « J'ai cette photographie pour voir *encore* les aimables collègues, avec lesquels j'ai eu de si excellentes relations, etc. » Ce qu'il y a de joli, c'est qu'on dit cela d'un air pénétré et qu'on arrive à être presque de bonne foi !! La pauvre humanité est ainsi faite!

Après avoir fait le récit de nos heures de plaisir, donnons le programme de nos travaux.

Heures de travail.

Le programme du congrès, suivi à la lettre, était le suivant :

Samedi 17. — 10 heures matin, séance préparatoire; 2 heures soir, séance d'inauguration.

Dimanche 18. — Excursion à la chartreuse de Pavie.

Lundi 19. — 9 heures, commission; 2 heures, deuxième séance du congrès.

Mardi 20, mercredi 21. — 9 heures, commission;

3 heures, troisième et quatrième séances du congrès.

Jeudi 22. — Excursion au lac de Côme.

Vendredi 23. — 9 heures, inauguration du buste de Paolo Ferrari; 2 heures, cinquième séance ; 8 heures et demie, représentation de gala au théâtre Manzoni.

Samedi 24, — 9 heures, commission; 2 heures, séance de clôture du congrès.

Avant de partir.

Le congrès est terminé, nous allons quitter Milan.

Deux sentiments contraires se heurtent en nous.

L'un joyeux, celui de rentrer chez soi, de retrouver sa famille, ses habitudes, ses manies, sa vie ordinaire enfin.

L'autre triste, celui de quitter des collègues, plutôt des amis, anciens et nouveaux, les nouveaux surtout auxquels on a des obligations; ils se sont montrés si aimables, si complaisants; ils nous ont accueillis avec tant de bonne grâce et de courtoise cordialité; ils nous ont fait les honneurs de leur ville, de leurs cercles, de leurs maisons même avec tant d'affabilité, qu'on se figure les connaître depuis vingt ans!

Mais, ce n'est pas « adieu » qu'on se dira, c'est « au revoir ».

On se retrouvera à Paris, cet hiver; à Barcelone, l'an prochain, c'est convenu.

On échange des poignées de mains, des promesses, des souhaits.

Papillons noirs.

Hélas ! une année, comme c'est long et combien de nous qui aujourd'hui sont si pleins de vie et d'espérances, manqueront-ils à l'appel, l'année prochaine?

Combien, tous les ans, l'impitoyable destin fauche-t-il de ces camarades et empêche-t-il la réalisation de ces rendez-vous !

Le souvenir de la femme, des enfants, du chez soi dissipe fort heureusement ces nuages noirs de la réflexion, et à propos de *souvenirs*, il faut en emporter à la famille.

Les petits cadeaux...

Jeunes maris, jeunes pères, quand vous voyagez seuls à l'étranger, la première fois, ne cédez pas à la tentation de remporter des souvenirs, car le plus petit précédent, en pareille matière (comme en beaucoup d'autres), a des conséquences inéluctables.

Les petits cadeaux entretiennent l'amitié, c'est vrai (puisqu'on le dit); ce n'est pas ruineux, si on veut rester dans les limites raisonnables, c'est encore vrai; mais combien c'est embarrassant de choisir ! Combien c'est encombrant dans une valise !

Si vous apportez pour l'un, il ne faut pas oublier l'autre, et quand on a une famille un peu nombreuse, des amis, il n'y a plus de limites.

Je donne d'autant plus volontiers ce conseil que je

suis sûr que personne ne le suivra, et que moi-même je ne le suivrai pas, parce qu'il est bien agréable aussi de distribuer, en arrivant, ces bibelots qui prouvent qu'au loin on a pensé aux siens; c'est une attention, une marque d'amitié qui fait tant de plaisir, tant à celui qui donne qu'à ceux qui reçoivent! Plus encore, peut-être à celui qui donne.

Aussi, le pli étant pris depuis longtemps par moi, je parcours les rues, je scrute les étalages, je bougonne, mais je m'exécute.

Embarras du choix.

L'embarras du choix est grand, si on ne veut pas emporter chez soi des objets qu'on trouve à Paris, mieux faits et moins chers, ou de fabrique parisienne.

J'ai toujours présente à la mémoire l'histoire du monsieur, qui rapporte soigneusement encaissé et avec maints ennuis et arrêts aux douanes, un bronze florentin *unique*, une trouvaille.

A Paris, en s'extasiant devant ce chef-d'œuvre, la femme y lit gravé : « Barbedienne, à Paris », et le ménage habitait la maison du célèbre éditeur ! Tableau !!

Il faut donc acheter des objets de fabrication ou de production purement locale, ce n'est pas toujours facile.

Les commerçants.

Les commerçants sont extrêmement affables, à

Milan, et chez presque tous on trouve quelqu'un parlant à peu près français.

Conversation!

— Eh bien! Signor, êtes-vous satisfait de votre séjour parmi nous? Vous avez certainement constaté que nous aimons les Français, ce qui est tout naturel, puisque nous sommes frères?

— Oui, sans doute, nous avons été admirablement reçus, mais nous ne sommes pas rien que Français, ici, nous avons des collègues de tous les pays et ces réceptions s'adressaient à tous; nous sommes donc fondés à croire que votre grande urbanité est l'accomplissement d'un devoir, d'une politesse à laquelle nous rendons hommage, mais sans en tirer d'autres conséquences.

— Mais non, vous pouvez être persuadés que notre amitié vous est largement et de longue date acquise et que nous savons faire une grande différence entre les Français et les autres étrangers. Les fêtes de Gênes sont d'hier, votre congrès est d'aujourd'hui, voyez vous-même.

— Soit, mais la triple alliance dont vous êtes, messieurs les Italiens, vous nous ferez difficilement croire que c'est par amitié pour nous, vos frères, que vous y êtes entrés et que vous l'avez naguère renouvelée, et vous savez que la plaie toujours saignante de notre pays nous rend quelque peu ombrageux vis-à-vis de cette triplice.

— Oh ! la triple alliance, cela ne signifie rien, c'est Crispi qui, valet de Bismarck, a tripoté tout cela; c'est de la politique, il est vrai, mais croyez-vous que la nation, le peuple soit partisan d'une alliance contre la France? Certainement non; nous qui saignons aussi de la domination de l'Autriche, nous comprenons bien votre douleur....

Je n'insiste pas.

Je crois que ces bons commerçants voient les choses, pendant que je suis chez eux, plutôt à travers mon porte-monnaie qu'à travers les combinaisons politiques et que cette grande amitié qu'ils nous témoignent, a surtout pour cause leurs chiffres d'affaires.

Les Milanais.

Je me rappelle aussi ce portrait du Milanais lu je ne sais où : « Le Milanais est très éveillé, gai et aime une conversation animée : il est très patriote et chérit sa ville par dessus tout : homme de caractère et homme pratique dans toute son essence, il s'enthousiasme cependant facilement pour « l'idéal ».

C'est ce que nous appelons, en somme, un bon méridional.

Expérience à faire?

Peut-être aurais-je fort embarrassé ces soi-disant francophiles, si j'étais allé faire des achats avec un collègue allemand, surtout si l'Allemand avait acheté plus que moi.

L'expérience eût été séduisante, et j'y ai pensé; mais je ne me suis cependant pas senti le courage de la tenter; non pas que nos collègues allemands ne fussent pas d'aimables hommes, mais je craignais trop une cruelle désillusion; j'ai préféré accepter, sans vérification, ces protestations d'amitié.

La guerre!

Qu'un coup de canon, par grand malheur, ébranle ce fameux équilibre de la paix armée à outrance, et peut-être rencontrerais-je, dans le camp ennemi, quelques-uns de ces bons commerçants milanais, si aimables, si affectueux, si *frères*, la baïonnette menaçant alors ma poitrine comme leur « Ricordo di Milano » menace actuellement ma bourse.

N'appuyons pas, glissons; Cronstadt, Gênes, Milan, que de fleurs!

La Triplice, que de baïonnettes, que de Krups! Tout cela, quel chaos!

La guerre, dont il ne faut jamais parler, en y pensant toujours, est chose abominable!

Quand donc les peuples comprendront-ils qu'ils sont tous frères et que ces *tueries* sont la honte de l'humanité?

Une solution...

Nos congrès sont une solution pour ces différends internationaux en matière littéraire, artistique et industrielle. Est-ce un rêve, une utopie, une folie, de croire qu'une difficulté, quelle qu'elle soit, entre peuples, peut aussi être tranchée au moyen d'un congrès, d'une conférence, d'un arbitrage, peu importe le nom?

La vie de centaines de mille hommes est pourtant plus précieuse qu'une controverse quelconque; un homme, à le devenir, demande tant de temps, de soins, de sollicitude, d'inquiétudes, d'argent, qu'on devrait, ce semble, y prendre garde et ce n'est pas, j'imagine, pour le plaisir d'inaugurer des engins formidables de destruction, qu'en quelques heures on fauche des existences si nécessaires à leurs familles, à leurs pays.

Peuples, qui payez de votre sang des folies de gouvernants, des ambitions d'autocrates, des aberrations de névrosés, que n'y réfléchissez-vous et que ne vous tendez-vous la main à travers des frontières qui ne sont, en somme, que des lignes de convention?

Mais, l'année terrible me revient avec toutes ses aigreurs; que nos enfants soient à jamais préservés d'en voir le retour et chassons ces images terribles pour ne penser qu'à notre départ, à notre rapatriement.

Heureux collègues.

Plusieurs collègues vont à Venise, Florence, Rome. Heureux collègues, ils ont des vacances et vont voir encore de belles choses ! Moi, je dois rentrer, c'est fini pour cette fois; le labeur quotidien, le *struggle for life*, me rappelle.

A l'année prochaine, si... j'existe encore.

En bouclant ma valise, en ramassant deci et delà mes petites affaires, je résume mes impressions générales de séjour.

Les allumettes.

La ville de Milan est habitée richement, et cependant j'y ai rencontré peu de mendiants, à moins que la mendicité s'exerce par la vente des boites d'allumettes qu'à tous moments, des enfants, des femmes, des vieillards offrent dans la rue ! Les allumettes bougies que nous payons, en France, quinze centimes la boîte, se vendent, à Milan, quinze centimes les trois boîtes; une autre différence existe entre elles et celles de la Régie : à Milan elles s'enflamment !

Silhouettes et toilettes locales.

Les femmes, à Milan, sont généralement jolies; le visage est d'un blanc rosé que fait ressortir encore une abondante chevelure noire, les sourcis très arqués, souvent un petit duvet estompe la lèvre supérieure, mais ce n'est qu'une ombre légère et par conséquent gracieuse.

Les dames sont très élégantes et habillées à la mode bizarre de Paris; je dis bizarre, parce que, ce que l'on nomme modes, pour les femmes, c'est, depuis longtemps (sinon depuis toujours), un assemblage de couleurs et de chiffonnages qui les font ressembler à tout, sauf à des femmes.

Les femmes du peuple sont coiffées d'une dentelle noire posée à plat et retombant sur les épaules. Ce n'est pas la mantille espagnole qui est drapée, c'est plutôt l'écharpe de la madone.

Les hommes portent le chapeau mou aux tons clairs; on rencontre peu de chapeaux à haute forme, heureusement, car ce n'est pas beau; on le laisse probablement aux gardiens de la paix.

L'Italien est de taille moyenne, mais vigoureux et bien taillé. Ses yeux sont vifs, ses cheveux noirs et la barbe épaisse, souvent frisante.

Les rues.

Les rues sont ce que sont les nôtres, en France, animées et gaies. Elles sont ornées (?) de vespasiennes de marbre. Je n'ai aperçu aucun chalet avec ou sans toilette à l'usage du beau sexe, mais ce que j'ai constaté, avec plaisir, c'est que la police des mœurs est très bien faite.

Jamais, à Milan, un étranger ne reçoit, dans la rue, d'invitation de marchandes de sourires; des peines sévères préviennent ce scandale.

Pourquoi ce qui est possible au delà des Alpes, ne le serait-il pas ici? Pourquoi ne pas appliquer, à Paris, ce qui s'exécute très bien à Milan? Je ne parle pas de la pudibonde Angleterre où, du matin au soir, à chaque pas, on est arrêté et invité.

La police des rues est assez importante cependant à tous les points de vue. On ne tolère pas une illustration, une affiche légère, mais on laisse une prostitution éhontée et effrénée circuler librement.

La logique nous manque peut-être?

Vie matérielle.

La vie matérielle est beaucoup moins chère qu'en France.

On m'a assuré qu'à Milan on peut faire excellente figure avec dix mille livres de rente. Avec quinze ou vingt mille francs, on peut s'offrir voiture. La raison en est que la Lombardie produit tout, l'ouvrier dépense peu, le risotto coûte très bon marché et nourrit beaucoup, en sorte que la main-d'œuvre est très peu élevée.

Dans le sud de l'Italie, il paraît que c'est encore moins cher.

La crise monétaire.

La crise monétaire me paraît aiguë; nous payons avec de l'or, on nous rend du papier : bons d'un franc, de deux, de cinq, de dix, de vingt francs, en sorte qu'au lieu d'un porte-monnaie, c'est un portefeuille qu'il faut avoir en poche.

Si on refuse le papier, les commerçants répondent qu'ils n'ont pas de métal et bon gré mal gré, il faut accepter, sauf à se voir refuser le même papier, quand on le donne en paiement.

Si c'est la triple alliance qui est l'une des causes de cette pénurie de métal, je comprends difficilement pourquoi les Italiens y restent.

Tout à l'égout.

Une chose m'a intrigué, ce sont les gouttières des maisons. A chaque étage, le tuyau de descente du toit rentre dans la maison, en ressort à l'étage inférieur et disparaît au rez-de-chaussée.

J'ai demandé la cause de cet emmagasinement d'eau pluviale? On m'a répondu que tout allait à l'égout.

En effet, il n'y a aucun ruisseau dans les rues.

Les quiquinegery.

Les marchés sont abondamment approvisionnés et un petit fruit a attiré mon attention : c'est une petite boule jaune, entourée de deux feuilles blanches et minces. Son goût acidulé et agréable rappelle celui de la groseille à maquereau au citron, c'est le quiquinegery. On le vend soixante-quinze centimes le kilo.

Aimez-vous le fromage?

La cuisine en général est bonne, le beurre délicieux; à chaque plat, on sert le morceau de fromage dans une pince ad hoc et une petite râpe en fer blanc. Avec chaque plat, même avec le potage, on mange du fromage râpé, et râpé par soi-même.

Il faut une certaine attention pour ne pas se râper les doigts, et il faut... aimer le fromage.

Les journaux.

Les journaux se vendent dans les kiosques et dans les rues. On ne crie que le titre. On a toutes les peines du monde à se procurer les journaux français, sauf le *Petit Journal*, qui est très répandu.

La presse italienne.

A propos de journaux, la presse italienne a été on ne peut plus charmante pour notre congrès et pour nous tous.

Non seulement nous avons eu les relations les meilleures et les plus cordiales avec les journalistes, mais leurs comptes rendus ont été aussi sympathiques que bienveillants.

Ils ont pris part à nos travaux, les ont suivis, heure par heure, et ils ont pu constater que nous n'avons jamais obéi qu'à une seule préoccupation : obtenir, dans l'intérêt général, les résultats les meilleurs.

A Yankee.

Un petit incident amusant a égayé, le premier jour, la chronique.

A la séance d'ouverture, tous, sauf un, nous étions en habit noir, et ce un, était en... complet blanc.

C'était un Américain.

Quand ce collègue a demandé la parole et s'est levé, le rire a parcouru la salle. Autant nous étions noirs, autant il était blanc, de la tête aux pieds !

A la séance suivante, chacun de nous avait repris le costume de saison, mais notre Américain était en habit noir.

Il avait pris sa revanche.

Les journaux, en racontant ces deux faits, ajoutaient : Bien entendu, il n'y a qu'un Américain, etc.

La machine à composer.

Aussi, notre collègue, très spirituellement, nous a-t-il, en séance, dit que si les Américains étaient *excentriques* ou du moins, s'ils en avaient la réputation, ils savaient aussi produire des excentricités *utiles*, telles que, par exemple, la machine à composer typographique, qui vient d'être construite, à New-York, remplaçant six ouvriers et réduisant de 1 franc 70 centimes à 30 centimes le prix de revient de la feuille d'impression.

Nous avons applaudi franchement à l'esprit de notre confrère, à sa bonne humeur et à la nouvelle machine. Je ne suis pas typographe mais je fais toujours des réserves pour les nouvelles machines qui suppriment ainsi des *bras* ouvriers, mais cette question est trop grosse pour être traitée en ce moment.

Idiomes étrangers.

Nous avons constaté, une fois de plus, qu'il est heureux, pour nous, que la langue française soit la langue diplomatique officielle.

Tous ces étrangers s'expliquent fort bien en français, et nous aurions été fort embarrassés de parler leurs langues, avouons-le, à notre honte.

Résultats.

Les congrès, en somme, ont d'excellents résultats non seulement pour les progrès et améliorations qu'ils font faire aux lois de protection internationale des œuvres de la pensée, mais même au point de vue français et au point de vue de l'instruction individuelle des congressistes.

Vive la France!

Les Français ont toujours intérêt à être connus à l'étranger, leur nature franche, ouverte, leurs manières polies, leur entrain leur attirent de suite des sympathies.

Quant aux congressistes, ils sont obligés d'étudier d'abord, d'apprendre ces questions si attachantes, et ensuite ils voient un peu ce que l'on dit et ce que l'on pense au delà de la frontière.

Enfin, se rendant compte des qualités et des défauts des autres, ils aiment davantage leur patrie qui, quoi qu'on en dise et quoi qu'on fasse, n'a à souffrir d'aucune comparaison. Aussi, malgré ce séjour aussi agréable que possible en Italie, c'est du fond du cœur qu'en montant dans le train pour Paris, je pousse ce délicieux cri de joie :

Vive la France !

La frontière passée, malgré le *sourire de la reine* de mon ami Grenet-Dancourt, je criais en outre

Vive la République !

A. WEBER.

Fontainebleau, octobre 1892.

APPENDICE

APPENDICE

Comme il ne faudrait pas croire que les congrès servent uniquement à visiter des Chartreuses (et à en prendre, dirait Lermina), à faire des banquets et des excursions agréables, tandis qu'au contraire on y travaille beaucoup et très sérieusement, il est utile de donner le résumé des résolutions adoptées au congrès de Milan, les voici :

RÉSOLUTIONS DU CONGRÈS DE MILAN

A. REVISION DE LA CONVENTION DE BERNE

I. Simultanéité de publication.

Il est à désirer que dans l'alinéa 3 de l'article 2 de la Convention les mots « *la plus courte* » soient remplacés par les mots « *la plus longue* ».

II. Œuvres a protéger.

a. *Œuvres d'art.*

1. Il est à désirer qu'il soit stipulé dans le Traité d'Union que l'aliénation d'une œuvre d'art n'entraîne

pas par elle-même aliénation du droit de reproduction, lequel reste la propriété de l'artiste, sans que, toutefois, celui-ci, pour exercer son droit, puisse troubler dans sa possession le propriétaire de l'œuvre.

2. L'usurpation du nom d'un artiste, l'imitation frauduleuse de sa signature ou de tout signe distinctif, monogramme ou autre, adopté par lui, doit tomber sous le coup des lois pénales. — Ceux qui, sciemment, vendent, exposent en vente, tiennent dans leurs magasins ou introduisent sur le territoire national les objets revêtus des noms, marques ou signatures visés ci-dessus, doivent être punis comme complices.

3. Il est à désirer que toutes les œuvres du dessin, y compris les affiches et étiquettes illustrées, soient également protégées, indépendamment de leur destination.

b. *Œuvres d'architecture.*

Il est à désirer que dans le paragraphe 3 de l'article 4 de la Convention de Berne les œuvres d'architecture soient énumérées parmi les œuvres artistiques protégées.

III. Droit de traduction.

La traduction n'est qu'un mode de reproduction; le droit exclusif de reproduction, qui constitue la propriété littéraire, comprend nécessairement le droit exclusif de traduction.

En tout cas, le délai accordé à l'auteur pour jouir

du droit exclusif de traduction, et fixé par la Convention de Berne à dix années, doit être porté à vingt ans.

Il est d'ailleurs à désirer que les auteurs ressortissant à l'un des États de l'Union soient admis à jouir, dans tous les autres pays de l'Union, du droit exclusif de traduction pendant toute la durée de leur droit sur l'original, s'ils ont fait usage de ce droit dans un délai de vingt ans.

IV. Adaptation.

1. Il est à désirer qu'il soit reconnu dans tous les pays que la transformation d'un roman, d'une nouvelle, d'une poésie, etc., en œuvre dramatique ou dramatico-musicale et vice versa, soit considérée comme une appropriation illicite.

Le second paragraphe de l'article 10 de la Convention de Berne doit être supprimé.

V. Suppression de la mention de réserve sur les œuvres musicales.

Il est à désirer que la prochaine Conférence diplomatique supprime la seconde partie de l'alinéa 3 de l'article 9, qui impose la formalité d'une mention d'interdiction en tête des œuvres musicales.

VI. Droit d'exécution et de représentation.

1. Il est à désirer que les stipulations de l'article 11 de la Convention (paragraphes 1 et 3) ne s'appliquent

qu'à la contrefaçon, et que nulle obligation en dehors de celles découlant de l'article 2 n'incombe aux auteurs des pays de l'Union en ce qui concerne la jouissance de leur droit de représentation et d'exécution.

2. L'exécution ou représentation publique d'une œuvre sans le consentement de l'auteur doit toujours être considérée comme illicite, fût-elle organisée sans aucun but de lucre et même dans un esprit d'émulation ou de bienfaisance.

VII. Reproduction mécanique des airs de musique.

L'article 3 du protocole de clôture de la Convention de Berne ne s'appliquant qu'aux boîtes à musique et aux orgues de Barbarie, l'usage de tous organes et accessoires interchangeables quelconques, tels que cartons perforés, disques, etc., constitue le fait de contrefaçon musicale.

VIII. Rétroactivité.

1. Il est à désirer que dans le chiffre IV du Protocole de clôture de la Convention de Berne, on insère après les mots « œuvres tombées dans le domaine public » les mots « *dans leur pays d'origine* », lesquels figurent à l'article 14.

2. Il est à désirer que ledit chiffre 4 du Protocole de clôture soit modifié ainsi qu'il suit :

Les pays de l'Union prendront respectivement les

mesures nécessaires pour que l'article 14 de la Convention reçoive strictement son application sans autres restrictions que celles pouvant résulter de dispositions transitoires fixant un délai de six mois au maximum, passé lequel nul ne pourra invoquer des faits antérieurs à la Convention contre le droit exclusif qu'elle reconnait aux auteurs.

Les pays dans lesquels de semblables mesures n'auront pas été prescrites dans l'année qui suivra la mise en vigueur de la présente disposition se trouveront soumis à la stricte application de l'article 14.

Ces dispositions seront applicables à tout État nouveau qui adhérera dans la suite à la Convention.

IX. Centralisation de documents et de renseignements par le Bureau international de Berne. Enregistrement international.

1. Le Congrès estime qu'il serait très utile que le Bureau de Berne soit chargé par l'Union d'établir :

a. La statistique, par catégories, des œuvres littéraires, artistiques, théâtrales, musicales, publiées dans l'Union ;

b. Le répertoire des titres et noms d'auteur des mêmes œuvres ;

c. La généalogie des œuvres, avec mission pour le Bureau de Berne de fournir un certificat d'origine faisant preuve en justice.

2. Il est à désirer que le répertoire mentionné ci-

dessus comprenne toutes les œuvres publiées depuis la promulgation de la Convention de Berne.

3. Il est à désirer que les auteurs soient admis, dans tous les cas et en dehors des formalités du pays d'origine, à faire enregistrer leurs œuvres, au Bureau de Berne, lequel sera autorisé à leur en délivrer un certificat légal.

X. Caution *judicatum solvi*. Exécution des jugements dans les pays de l'Union.

1. Il est désirable que dans les contestations que peut faire naître l'application de la Convention de Berne, la caution *judicatum solvi* soit supprimée.

2. Il est désirable que les jugements rendus dans l'un des pays de l'Union puissent être déclarés exécutoires dans tous les autres pays, dans des formes et sous des conditions à déterminer entre ces États.

B. RÉSOLUTIONS DIVERSES

I. Œuvres d'architecture.

Il est à désirer que dans toutes les législations l'architecte soit assimilé aux autres artistes.

II. Caution *judicatum solvi*.

Il est à désirer que le Gouvernement italien, persévérant dans son initiative, provoque la réunion d'une Conférence destinée à réaliser les vœux mentionnés sous chiffre X, 1 et 2, ci-dessus.

III. Statistique internationale des œuvres littéraires.

Le Congrès, reconnaissant l'utilité de la statistique des œuvres littéraires pour la protection des droits des auteurs, pour le commerce de la librairie et pour l'étude de la vie sociale, recommande l'établissement de statistiques tracées d'après des cadres uniformes et basées sur une classification scientifique universellement adoptée.

Le Congrès considère comme le meilleur moyen d'atteindre ce but la création de bibliographies nationales.

IV. Clause d'arbitrage dans les traités littéraires.

Attendu que la quatrième Conférence interparlementaire réunie dernièrement à Berne a, sur la proposition du député Barth et sur les amendements proposés par divers orateurs, déclaré désirable que la clause compromissoire soit non seulement appliquée aux traités de commerce et de navigation, mais aussi aux traités concernant la propriété littéraire et artistique,

Le Congrès de Milan,

souhaitant l'adoption de cette résolution, exprime le vœu que les questions qui touchent à l'interprétation et à l'application de toutes conventions sur la propriété littéraire et artistique soient jugées par des arbitres au lieu d'être soumises aux tribunaux.

V. Droit de traduction en Russie.

Il serait désirable de protéger les auteurs russes qui ont publié leurs ouvrages en Russie contre la traduction abusive de leurs œuvres en Russie même. Après que la législation russe et la jurisprudence des tribunaux russes auront reconnu ce droit à l'égard d'auteurs russes ayant publié leurs œuvres en Russie, il sera possible d'étendre aux auteurs étrangers le droit de l'auteur sur la traduction de son œuvre, et de faciliter par cela même l'adhésion de la Russie à la Convention internationale pour la protection des œuvres littéraires et artistiques.

VI. Travaux futurs.

1. Contrat d'édition.

Le Congrès émet le vœu que l'étude du projet de loi en matière de contrat d'édition soit mise à l'ordre du jour du Congrès de l'année 1893, et que cette étude soit entreprise dès le début de ce Congrès.

2. Photographies.

Le Congrès donne mandat à l'Association littéraire et artistique internationale d'étudier et de soumettre au prochain Congrès la question de la protection légale due aux produits de la photographie.

Les Congressistes.

Les congressistes inscrits étaient au nombre de deux cent vingt-un.

Après l'Italie, la France comptait le nombre de participants le plus élevé.

Les ministres de l'Instruction publique et de la Justice avaient envoyé des délégués.

Étaient représentés également :

La Suisse, l'Autriche-Hongrie, l'Allemagne, la Belgique, les États-Unis d'Amérique, la Roumanie, l'Espagne, la Norwège, la République argentine, etc.

Pour la France, nous avions notamment :

M. Desjardin, avocat, délégué du ministre de l'Instruction publique;

M. Chaumat, avocat, délégué du ministre de la Justice;

M. de la Brière, représentant la société des gens de lettres;

MM. Victor Souchon et Grenet-Dancourt, représentant la société des auteurs et compositeurs de musique;

M. Darras, délégué par la société de législation comparée;

MM. Maillard et Mettetal, délégués par la société des études historiques;

M. Layus, représentant le cercle de la librairie;

Et les membres de l'Association littéraire et artistique internationale, parmi lesquels :

MM. Henry Becque, l'auteur dramatique; Henry Pille, le peintre; Pouillet, le président de l'Association; Jules Lermina, son secrétaire perpétuel; Oppert, membre de l'Institut, etc., etc.

Congressistes étrangers.

Ont pris la parole :

M. C.-W. Batz, au nom de l'Allemagne;

M. O'Campo, au nom de la République argentine;

M. le général Turr, au nom de l'Autriche-Hongrie;

M. Wauvermans, au nom de la Belgique (auteurs lyriques);

MM. Calzado et de Huertas, au nom des artistes et des auteurs espagnols;

MM. Bishop et Œker, le premier représentant l'Américan Copyright League;

M. Djuvara, au nom de la Roumanie;

M. Morel, au nom de la Suisse;

Et, au nom de l'Italie, les délégués de toutes les sociétés artistiques et savantes.

Le congrès s'est distingué par des discussions claires, élégantes et toujours courtoises.

Le *ne quid nimis*, qu'un journal de Milan a rappelé au congrès, en lui souhaitant la bienvenue, n'a pas été oublié.

Me Pouillet.

Le président, Me Eugène Pouillet, a été absolument remarquable et a non seulement donné à ce congrès une physionomie particulièrement solennelle, mais a su encore par un tact parfait, un esprit charmant et un à-propos étonnant, concilier à l'association et à la France de bonnes et précieuses sympathies.

Médaille commémorative.

L'association l'a si bien reconnu, que dans un banquet qu'elle a offert à Me Pouillet, le 19 octobre, à Paris, où presque tous les membres ont tenu à venir, il a été félicité, remercié, acclamé et a reçu une médaille commémorative frappée spécialement comme témoignage de gratitude et, disons-le, sans crainte d'aucun démenti : d'admiration.

A. W.

TABLE ALPHABÉTIQUE

Pages.

A Yankee 72
Aimez-vous le fromage? 71
Album du Congrès. 53
Allumettes 67
Ambassade de France 45
Après déjeuner. 29
Association littéraire. 5
A travers les Alpes. 10
Auteur de Goldoni. 52
Autre fresque 39
Avant de partir 60
Bataille de Pavie. 30
Bellagio 48
Bellano. 45
Brasserie allemande 31
Buste de Paolo Ferrari. 50
Cagoule (une) 35
Cathédrale 32
Ce bon égoïsme!. 59
Chapelles. 21
Chartreuse (à la) 20
Chartreuse de Pavie 20
Chez la duchesse Melzi. 47
Cigares. 29
Cimetière. 43
Côme. 49
Commerçants. 49
Complet en peau 35

	Pages.
Confessionnaux	33
Congressistes	85
Conversations	63
Coopérative	16
Couvent	22
Crise monétaire	70
Deambulando	12
Déjeuner à la Française	49
Dévidoir à paroles	52
Discours	26
Discours de courtoisie	18
Douane (à la)	7
Éden	41
Églises en églises	36
Électricité	34
Embarras du choix	62
En fiacre	38
Évocation macabre	28
Expérience à faire	64
Feuilles d'albums	53
Fiasci	24
Fours crématoires	44
Fresque de Léonard de Vinci	39
Galeries Victor Emmanuel	14
Gardiens de la paix	15
Gendarmes	7
Goldoni	51
Guerre (la)	65
Heures de travail	59
Heureux collègues!	67
Horloge	16
Hôtel Continental	12
Huissiers de ville	17
Idiômes étrangers	73
Jalousie	55
Journaux	71
Lac de Côme	46
Machine à composer	72

Pages.
Marbre ne dure que dans son pays. 22
Médaille commémorative. 87
Menu. 24
Milanais 64
Milano 12
Musée national. 30
Ne bougeons plus 58
One gentleman. 9
Ossuaire 37
Ouverture du Congrès. 17
Palais Bréra 50
Palais Marino 18
Palais Royal 16
Papillons noirs. 61
Petits cadeaux. 61
Piazza del duomo 16
Piazza della Scala 13
Plaines lombardes 11
Politesses aux hôtes 53
Pompiers. 17
Pouillet (Me) 87
Pour Milan. 7
Pourquoi ce récit?. 6
Presse italienne 71
Quand on sait le latin 42
Quiquinegery. 70
Raccourci (un) 50
Réfectoire (au) 23
Réflexions 26
Reine (à la) 19
Représentation de gala. 51
Résultats. 73
Risotto. 25
Rues 68
Sacristains. 36
Saint-Charles Borromé. 38
Sainte-Marie des Grâces. 33
Séance de clôture 57

Pages.
Silhouettes et toilettes locales 67
Solution (une) 66
Souvenir du Courrier. 56
Sur le paquebot 46
Théâtre del Varme 40
Théâtre Manzoni 44
Tout-à-l'Égout 70
Truc (un). 41
Verdi (à) 58
Vermuth di Torino. 10
Vie matérielle 69
Vins 25
Vive la France ! 74
Wagons italiens 8

TABLE DE L'APPENDICE

	Pages.
Adaptation	77
Caution *judicatum solvi*; l'exécution des jugements dans les pays de l'Union	82
Centralisation des documents et des renseignements par le Bureau international de Berne	81
Clause d'arbitrage dans les traités littéraires	83
Droit d'exécution et de représentation	79
Droit de traduction	78
Droit de traduction en Russie	84
Enregistrement par le Bureau international de Berne	81
Œuvres à protéger	77
Œuvres d'architecture	82
Reproduction mécanique des airs de musique	80
B). Résolutions diverses	82
Rétroactivité	80
A). Revision de la convention de Berne	77
Simultanéité de publication	77
Statistique internationale des œuvres littéraires	83
Suppression de la mention de réserve sur les œuvres musicales	79
Travaux futurs	84

FONTAINEBLEAU. — E. Bourges, imp. brevetés.

www.ingramcontent.com/pod-product-compliance
Ingram Content Group UK Ltd.
Pitfield, Milton Keynes, MK11 3LW, UK
UKHW031928260826
14628UKWH00003B/1494

9 782013 668095